Rüdiger Bertram

Kleine Polizei Geschichten

Mit Bildern von Daniel Sohr

ellermann im Dressler Verlag · Hamburg

Verfolgungsjagd auf dem Rücksitz

Auf dem Klettergerüst hat Max einen bunten Wellensittich entdeckt. Er ist grün und sieht wunderschön aus. Als der Vogel wegflattert, läuft Max ihm hinterher. Der Wellensittich fliegt immer weiter. Max rennt ihm nach. Plötzlich verschwindet der Vogel in einem offenen Fenster. Max bleibt vor dem Haus stehen und sieht sich um. Die Straßen und Häuser sehen ganz fremd aus. Hier war Max noch nie. Er kann sich auch nicht erinnern, auf welchen Straßen er hierhergekommen ist. Was, wenn er nie wieder nach Hause findet?

Auf der Straße ist niemand, den er nach dem Weg fragen könnte.

Max spürt, wie ihm die Tränen in die Augen steigen. Deswegen sieht er auch das Auto, das um die Ecke biegt, nur ganz verschwommen. Es ist blau und silbern, und erst als es neben ihm hält, erkennt Max, dass es ein Polizeiauto ist.

Auf dem Beifahrersitz sitzt eine Polizistin. Sie lässt das Fenster herunter und fragt: »Können wir dir helfen?«

»Ich habe mich verlaufen!«, schnieft Max.

»Wie heißt du denn?«, fragt die Polizistin weiter.

»Max. Max Ulmen.«

»Weißt du denn, wo du wohnst?« Die Polizistin hat die Tür geöffnet und ist ausgestiegen. Sie steht neben Max und streicht ihm beruhigend übers Haar.

»In der Fichtenstraße 15«, antwortet Max, denn das weiß er schon.

»Steig ein!«, sagt die Polizistin und hält Max die hintere Tür auf. »Wir bringen dich nach Hause. Das ist ja nicht weit.«

Max steigt ein. Er ist noch nie in einem Polizeiauto gefahren.

»Hallo, Max«, begrüßt ihn der Polizist, der hinter dem Lenkrad sitzt. Als Max sich angeschnallt hat, fährt der Polizist los.

Max überlegt, wie viele verhaftete Verbrecher wohl schon in dem Polizeiwagen gesessen haben.

Da ertönt plötzlich eine Stimme aus dem Funkgerät des Polizeiautos: »Achtung! Fahrraddieb in der Eichenstraße! Rotes Hemd, grüne Mütze! Er hat ein blaues Rennrad geklaut.«

»Wir sind ganz in der Nähe und kümmern uns!«, sagt die Polizistin ins Funkgerät, dann dreht sie sich zu Max um. »Halt dich gut fest, jetzt wird es ein bisschen schneller.«

Der Polizist gibt Gas, und der Streifenwagen saust die Straße entlang.

An einer Kreuzung biegt er mit quietschenden Reifen in die Kastanienallee ein. Auf dem Fahrradweg kommt ihnen ein Mann auf einem blauen Rennrad entgegen. Er trägt ein rotes Hemd und eine grüne Mütze. Als die Polizistin das Blaulicht einschaltet, wendet der Mann und versucht zu fliehen. Aber das Polizeiauto ist schneller. Nach hundert Metern gibt der Mann auf. Die beiden Polizisten steigen aus und nehmen den Fahrraddieb fest. Max kann das durch die Autoscheibe genau beobachten. Das ist besser als im Fernsehen.

Die Polizisten warten, bis zwei Kollegen kommen, denen sie den Dieb übergeben können. Dann bringen sie Max nach Hause, bis vor die Tür.

»Das war super«, sagt Max, als er aussteigt. »Danke!«

»Gern geschehen«, antwortet die Polizistin, aber da werden sie und ihr Kollege über das Funkgerät schon zum nächsten Einsatz gerufen.

Finderlohn für einen Elefanten

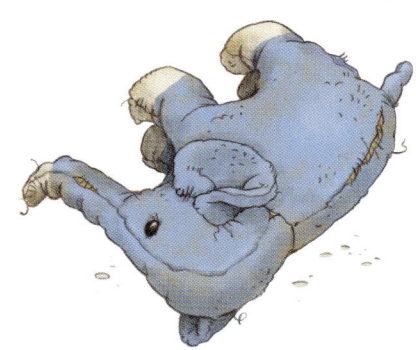

Als Tom vom Kindergarten nach Hause geht, passiert etwas Merkwürdiges. Mitten auf dem Bürgersteig liegt ein blauer Stoffelefant. Tom bleibt stehen und schaut sich um. Es ist niemand zu sehen, dem das Kuscheltier gehören könnte.
Tom bückt sich und hebt es auf. Der Elefant ist ganz weich und zerknuddelt, so als ob ihn jemand furchtbar lieb hätte.
»Bestimmt hat ihn jemand verloren und vermisst ihn jetzt«, denkt Tom.
In der Straße, in der Tom wohnt, gibt es eine Polizeiwache. Mit dem Kindergarten waren sie dort schon einmal zu Besuch. Die Polizisten waren sehr nett. Tom hat eine Idee! Er bringt den Elefanten einfach zur Polizei. Wenn ihn jemand verloren hat, wird er bestimmt dort nachfragen.
Auf der Polizeiwache ist nicht viel los. An einem Schreibtisch sitzen zwei Polizisten: ein dicker und ein dünner. Der dünne Polizist telefoniert, und der dicke tippt etwas in einen Computer.
»Hallo!«, ruft Tom, damit die zwei ihn bemerken.
»Guten Tag«, antwortet der dicke Polizist. »Was kann ich für dich tun?«
»Ich habe den hier auf der Straße gefunden!« Tom hebt den Stoffelefanten in die Höhe. »Und ich wollte ihn abgeben.«
»Sehr gute Idee!«, lobt der Polizist. Er nimmt Tom den Elefanten aus der Hand und setzt ihn auf seinen Schreibtisch.

»Da kann ihn jeder sehen, der hier reinkommt. Wie heißt du denn, und wo wohnst du?«
»Tom Schröder, und ich wohne fast genau nebenan«, antwortet Tom.
Der Polizist schreibt sich Toms Namen und Adresse auf.
»Da gibt es bestimmt einen Finderlohn!«, sagt der Polizist.
Daran hatte Tom noch gar nicht gedacht.
Von nun an besucht Tom die Polizeiwache jeden Tag.

Er will wissen, ob schon jemand nach dem Elefanten gefragt hat. Aber bis jetzt war niemand da. Der blaue Plüschelefant sitzt immer noch auf dem Schreibtisch. Durch seine Besuche sind Tom und die Polizisten richtig gute Freunde geworden. Der dicke ist Fan vom 1. FC Köln und hat eine Tochter, die genauso alt ist wie Tom. Der dünne hat sogar vier Kinder und wohnt auch in Toms Viertel. Wenn die beiden Polizisten Zeit haben, reden sie mit Tom über Fußball, den Kindergarten oder das Wetter. Tom ist furchtbar stolz auf seine neuen Freunde.

»Hallo!«, ruft Tom, als er auf die Wache kommt.
»Schön, dich zu sehen«, antworten die beiden Polizisten.
Irgendetwas ist anders als sonst, das merkt Tom sofort. Da sieht er es: Der blaue Elefant ist weg.
»Den hat heute eine Frau abgeholt«, erklärt der dicke Polizist. »Er gehört ihrem kleinen Sohn, und der hat ihn schon schrecklich vermisst.«
»Und das hier sollen wir dir geben!« Der dünne Polizist holt eine Tüte Gummibärchen aus der Schublade. »Als Finderlohn!«
Tom kann sich gar nicht richtig freuen. Jetzt hat er ja keinen Grund mehr, jeden Tag seine neuen Freunde zu besuchen.
»Ich hoffe, du kommst trotzdem noch mal vorbei«, sagt der dicke Polizist.
»Darf ich denn?«, fragt Tom aufgeregt.
»Aber natürlich«, antworten die beiden Polizisten, und darauf gibt Tom eine Runde Gummibärchen für alle aus.

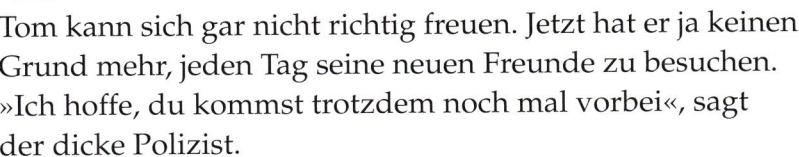

Lena geht mit Tobi Gassi

Vor Lenas Schule steht jeden Morgen eine Polizistin. Sie hat eine blaue Uniform an und passt auf, dass die Kinder sicher über die Straße gehen können. Die Polizistin heißt Frau Schröder, das weiß Lena, weil sie sie gefragt hat.
Jeden Morgen unterhält sich Lena vor dem Unterricht ein bisschen mit Frau Schröder. Lena berichtet ihr, was sie am Wochenende erlebt hat, und Frau Schröder erzählt ihr, wie es ihrem Hund geht. Frau Schröder hat einen braunen Langhaardackel, der Tobi heißt. Lena hätte auch gerne einen Hund, aber das erlaubt ihre Mama nicht, weil ihre Wohnung zu klein ist.

»Hallo, Frau Schröder«, ruft Lena.

»Hallo, Lena«, grüßt Frau Schröder zurück. Sie hebt ihre Kelle in die Höhe. Damit hält sie die Autos an. So kann Lena gefahrlos über die Straße laufen, um in die Schule zu kommen. Aber Lena hat noch Zeit, ehe der Unterricht losgeht.

»Wie geht es Tobi?«, fragt Lena neugierig.
»Super!«, antwortet Frau Schröder. »Stell dir vor, gestern hat er fünf Bananen verschlungen. Er ist der einzige Hund, den ich kenne, der Bananen mag.«
Während Frau Schröder von Tobi erzählt, müssen die Autos warten. Die Fahrer sind ganz ungeduldig. Aber keiner traut sich zu hupen, weil Frau Schröder eine Polizistin ist.
»Viel Spaß in der Schule!«, ruft Frau Schröder Lena hinterher, als sie endlich über die Straße läuft.

Als Lena am nächsten Morgen in die Schule kommt, ist Frau Schröder nicht da. Ein anderer Polizist steht an der Straße.
»Wo ist denn Frau Schröder?«, fragt Lena den fremden Polizisten.
»Die hat sich das Bein gebrochen und liegt jetzt mit einem dicken Gips zu Hause«, antwortet der Polizist.
»Wie ist das denn passiert?«, erkundigt sich Lena besorgt.
»Sie ist auf einer Bananenschale ausgerutscht«, erklärt der Polizist.
»Wissen Sie, wo sie wohnt? Ich würde sie gerne besuchen«, sagt Lena.
Der fremde Polizist zögert einen Moment, dann gibt er Lena die Adresse.
Lena besucht Frau Schröder direkt nach der Schule. Als sie klingelt, hört sie ein lautes Kläffen. »Das muss Tobi sein«, denkt Lena. Es dauert ewig, bis die Polizistin die Tür öffnet. Sie hat zwei Krücken, und damit ist man nicht so schnell wie ohne.
»Lena! Wie schön, dass du mich besuchen kommst!«, freut sich Frau Schröder, als sie endlich die Tür öffnet.
Ohne ihre Uniform sieht die Polizistin sogar noch netter aus, findet Lena.

Tobi wedelt mit dem Schwanz und springt aufgeregt
an Lena hoch. Die beiden verstehen sich sofort.
Lena zeigt auf Tobis Leine, die an einem Haken
neben der Tür hängt.
»Ich dachte, jetzt, wo Sie nicht so
gut zu Fuß sind, könnte ich mit
Tobi Gassi gehen«, schlägt
Lena vor.
»Das ist eine Super-
idee!«, antwortet Frau
Schröder. »Ich hatte
mir schon Sorgen
gemacht, dass Tobi
jetzt nicht genug
Auslauf bekommt.«
Lena besucht Frau
Schröder jeden
Tag und geht mit
Tobi in den Park.
So lange, bis der
Gips ab ist.

Nach vier Wochen steht Frau Schröder wieder jeden Morgen vor der
Schule und achtet darauf, dass die Autos nicht zu schnell fahren.
Lena besucht sie trotzdem weiter, denn Tobi und sie sind richtig gute
Freunde geworden.

Die magische Polizeimütze

Johannes ist der kleinste Junge in seiner Kindergartengruppe. Alexander, Kevin und Mario ärgern ihn oft deswegen und rufen »Zwerg!« hinter ihm her. Aber nur, wenn die Erzieherin es nicht hört. Die anderen sind zwar größer als Johannes, doch mutig sind sie nicht. Johannes ist mutig. Er traut sich sogar, alleine in den Park zu gehen, wenn seine Mama arbeiten muss. Er ist ja kein Baby mehr, und der Park liegt direkt gegenüber von ihrer Wohnung. Als Johannes im Park an einem Strauch vorbeikommt, sieht er da plötzlich etwas Blaues leuchten.

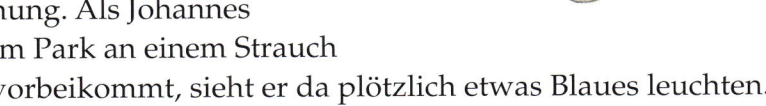

Es ist eine echte Polizeimütze!
Johannes setzt sich die Mütze auf seinen Kopf. Zuerst ist sie ihm viel zu groß. Aber plötzlich ändert sich das. Johannes' Kopf wird immer größer! Und nicht nur sein Kopf. Mit der Mütze auf dem Kopf wächst Johannes, bis er über zwei Meter groß ist. Erschrocken reißt er sich die Mütze vom Kopf. Sofort beginnt er zu schrumpfen, bis er wieder so groß ist wie vorher.
»Das gibt es doch gar nicht«, wundert sich Johannes.
Um sicherzugehen, dass er sich nicht getäuscht hat, versucht er es

noch einmal. Vorsichtig setzt sich Johannes die Polizeimütze erneut auf den Kopf.
Sofort schießt er wieder in die Höhe.
Diesmal behält er die Mütze auf.
Es ist ein tolles Gefühl, so groß zu sein. Johannes läuft zum Spielplatz. Da sind auch Alexander, Kevin und Mario aus seiner Kindergartengruppe.

Sie staunen Bauklötze, als der riesige Johannes mit Leichtigkeit das Klettergerüst bis ganz nach oben hochklettert. Das hat er früher nie geschafft, aber jetzt ist es ganz einfach. Keiner von den dreien ruft »Zwerg!« hinter ihm her.

Neben dem Sandkasten ist ein kleiner Basketballplatz. Da spielen die großen Jungs. Als sie Johannes sehen, fragen sie ihn gleich, ob er mitspielen möchte. Johannes wirft einen Korb nach dem anderen. Wenn man so groß ist wie er, ist das ganz leicht. Alexander, Kevin und Mario sitzen auf dem Klettergerüst und schauen mit offenem Mund zu. Als es Zeit ist, nach Hause zu gehen, verabschie-

det sich Johannes von den großen Jungen und läuft los.
Auf der Straße vor dem Park sieht Johannes einen kleinen Polizisten. Er kriecht auf allen vieren zwischen den Sträuchern herum. Der Mann scheint etwas zu suchen. Einen Moment lang zögert Johannes. Er würde die Polizeimütze gerne behalten. Solange er so riesig ist wie jetzt, macht sich keiner über ihn lustig.

Johannes nimmt die Mütze trotzdem ab. Als er wieder so klein ist wie vorher, geht er zu dem Polizisten.
»Suchen Sie die hier?«, fragt er und reicht ihm die Mütze.
»Danke!«, ruft der Polizist erleichtert. »Ich habe sie verloren und suche sie schon den halben Tag. Es ist eine ganz besondere Mütze!«
»Ich weiß«, erwidert Johannes und läuft schnell nach Hause.

Als Johannes am nächsten Tag in den Kindergarten kommt, begrüßen ihn Alexander, Kevin und Mario ganz freundlich. Obwohl er jetzt wieder genauso klein ist wie vorher, nennen sie ihn nie wieder »Zwerg«. Sie ärgern ihn auch nicht mehr und lassen ihn immer mitspielen. Sie wissen ja nichts von den magischen Kräften der Polizeimütze. Sie glauben, dass Johannes wirklich zaubern kann.

Verloren und trotzdem gewonnen

Emil geht heute zum ersten Mal in ein Fußballstadion. Sein Lieblingsverein spielt gegen den Tabellenführer. Emils Vater hat Karten für sie beide besorgt.

Das Auto stellen sie auf einem Parkplatz ab. Von dort müssen sie noch ein Stück zu Fuß laufen. Es ist ein langer Weg. Aber Emil macht das nichts aus, weil er sich schon so auf das Spiel freut.

Als sie endlich am Stadion ankommen, ist Emil ganz aufgeregt. Über eine Treppe erreichen sie ihre Plätze auf der Stehtribüne. Gemeinsam mit den anderen Fans feuern sie ihre Mannschaft an.

Doch schon zur Halbzeit liegt Emils Verein mit 0:2 zurück. Am Ende verliert er 1:5. Emil ist traurig. Er hatte sich so auf diesen Tag gefreut und war sich ganz sicher, dass seine Mannschaft gewinnen würde. Schweigend läuft er neben seinem Vater zurück zum Parkplatz. Der Weg nimmt gar kein Ende. Erst jetzt merkt Emil, wie müde er ist. Das Stehen in der Fankurve war anstrengend.

Plötzlich kommt ihnen ein Trupp Fans der Siegermannschaft entgegen. Sie freuen sich, weil sie gewonnen haben.
Als Emil sie fröhlich singen hört, kann er die Tränen nicht mehr zurückhalten. Mit hängendem Kopf schlurft er heulend neben seinem Vater her. Tröstend legt ihm sein Vater den Arm um die Schulter. Aber das nützt gar nichts. Am liebsten würde Emil sich einfach auf den Boden setzen und keinen Schritt mehr machen.
Plötzlich hört er eine Stimme: »Du weinst doch nicht etwa, weil deine Mannschaft verloren hat? Nächste Woche gewinnt sie wieder, du wirst schon sehen.«
Die Stimme kommt von weit oben. Emil hebt den Kopf, um zu sehen, wer ihn angesprochen hat. Vor ihm steht ein Pferd. Oben auf dem Pferd sitzt ein Polizist. Emil hat die berittenen Polizisten vorhin schon gesehen. Sein Vater hat ihm erklärt, dass bei Veranstaltungen mit vielen Besuchern Polizisten auf Pferden für Ordnung sorgen. Weil die meisten Menschen Angst vor großen Pferden haben, machen sie keinen Unsinn.
Emils Vater und der Polizist unterhalten sich. Emil schaut sich das Pferd an. Es ist braun und riesig. Emil hat trotzdem keine Angst vor ihm. Emil liebt Pferde.
»Wenn du willst, nehme ich dich mit. Dann brauchst du nicht zu laufen. Bis zu eurem Parkplatz ist es noch weit«, schlägt der Polizist vor.
Er reicht Emil seine Hand und zieht ihn vor sich auf den Sattel. Von dort oben hat man einen tollen Blick, findet Emil.

»Warum haben die Pferde eigentlich keine Angst bei so vielen lauten Menschen?«, fragt Emil den Polizisten.

»Weil wir viel mit ihnen üben«, antwortet der Polizist und erklärt Emil, wie das geht. In einer Reithalle sind Menschen mit Fahnen, Rasseln und Trillerpfeifen. Die machen ganz viel Lärm, damit sich die Pferde an den Krach gewöhnen können, bis er ihnen nichts mehr ausmacht.

»Hast du auch eine Trillerpfeife?«, fragt der Polizist.

»Klar«, antwortet Emil.

»Dann komm doch mal vorbei. Du kannst uns helfen, die Pferde zu trainieren«, lädt er Emil ein.

Als sie den Parkplatz erreicht haben, hat Emil schon fast vergessen, dass seine Mannschaft verloren hat. Es war trotzdem ein toller Tag. Und der Tag, an dem er den Polizisten und sein Pferd besucht, wird mindestens genauso gut. Wenn nicht sogar noch besser.

Eine abenteuerliche Floßfahrt

Johanna und Leon haben sich am Fluss ein Floß gebaut. Der Fluss fließt direkt hinter der kleinen Siedlung, in der sie wohnen. Es ist ein breiter Strom, der von Schiffen befahren wird. Sogar Polizeiboote gibt es dort und große Containerschiffe.

Für ihr Floß haben Johanna und Leon alte Plastikfässer zusammengebunden. Dann haben sie oben ein paar Bretter daraufgenagelt.

»Meinst du, es schwimmt?«, fragt Leon, als sie fertig sind.

»Das wissen wir erst, wenn wir es ausprobiert haben«, antwortet Johanna.

Johanna bindet ein Seilende an ihrem Floß fest. Leon verknotet das andere Ende an einer Wurzel am Ufer.

Dann schieben sie das Floß ins Wasser.

»Hurra! Es schwimmt!«, ruft Leon.

Leon und Johanna stehen bis zu den Knien im Wasser und betrachten stolz ihr schwimmendes Floß.

»Ich gehe zuerst an Bord«, sagt Johanna.

»Warum du?«, fragt Leon.

»Weil ich die Kapitänin bin«, erwidert Johanna. »Du bist der Steuermann.«

Johanna steigt vorsichtig auf das Floß. Dann folgt Leon. Ihr Floß sinkt zwar etwas tiefer ins Wasser, aber es geht nicht unter.

»Wir haben ein richtiges Schiff!«, jubelt Leon. »Wie echte Piraten!«

»Genau! Wir sind der Schrecken der sieben Meere!«, ruft Johanna.

Da löst sich plötzlich der Knoten an der Wurzel. Die Strömung erfasst das Floß und treibt sie schnell vom Ufer fort.

»Los! Paddeln! Wir müssen zurück an Land!«, ruft Johanna.

Aber das klappt nicht. Die Strömung ist einfach zu stark, und schon bald treiben sie in der Mitte des Flusses.
Als ihnen ein großes Containerschiff entgegenkommt, winken Johanna und Leon aufgeregt und schreien laut »Hilfe!«. Aber der alte Schiffer scheint sie nicht zu hören. Er winkt nur freundlich zurück und fährt weiter.
»Was machen wir jetzt?«, fragt Leon besorgt.
»Keine Ahnung«, antwortet Johanna.
Auf der Mitte des Flusses ist es kalt, und nass sind sie auch, weil immer wieder Wasser auf das Floß schwappt.
Schweigend starren die beiden sorgenvoll in den Fluss, der sie immer weiter in Richtung Meer treibt.

Da kommt auf einmal ein Schiff direkt auf sie zu. Es ist blau-weiß, und auf dem Rumpf steht POLIZEI. Vorsichtig nähert sich das Schiff dem Floß, bis es direkt neben ihnen schwimmt.
»Ganz ruhig, Kinder! Wir holen euch raus!« Ein Mann beugt sich über die Reling und schaut zu ihnen herunter.
Dann wirft er ihnen eine Strickleiter zu, damit sie an Bord des Polizeibootes klettern können.
»Na, ihr zwei Piraten! Ihr habt großes Glück gehabt, dass ihr den alten Schiffer getroffen habt«, begrüßt er die beiden Kinder und legt ihnen eine warme Decke über die Schultern. »Der konnte sein großes Schiff nicht so schnell stoppen, deswegen hat er uns gerufen.«

»Und was wird jetzt mit unserem Floß?«, fragt Johanna.
»Das treibt bis ins Meer«, antwortet der Polizist. »Vielleicht sogar bis nach Amerika.«
Leon und Johanna schauen ihrem Floß nach, bis es am Horizont verschwunden ist. Sie sind froh, dass es die lange Reise ohne sie macht. Vom Piratenspielen haben sie erst mal die Nase voll. Als Nächstes bauen sie ein Baumhaus. Da wird man nur nass, wenn es regnet und das Dach undicht ist.

Die Spur führt zu Glotzenkalle

In Carlas Schule ist eingebrochen worden. Freitagnacht hat dort jemand im Erdgeschoss eine Glastür eingeschlagen und einen Fernseher geklaut. Der Fernseher stand im Biologieraum. Auf dem Fernseher haben die Schüler manchmal Tierfilme gesehen. Das war toll, weil das viel spannender ist als der normale Unterricht. Jetzt ist der Fernseher weg.
Heute ist Samstag, und Carla ist das einzige Kind in der Schule. Ihr Vater ist der Hausmeister, und sie wohnen in einer Wohnung auf dem Schulgelände.
Carla steht vor der Schule und ist schrecklich aufgeregt. Gleich sollen Polizisten kommen, um den Einbruch aufzunehmen. Da hält auch schon ein Auto neben ihr. Es hat kein Blaulicht auf dem Dach, und der Mann und die Frau, die aus dem Wagen aussteigen, tragen keine Uniformen.
»Wir kommen wegen des Einbruchs«, sagt die Frau zu Carla. »Weißt du, wo der Hausmeister ist?«

»Sind Sie denn Polizisten?«, fragt Carla misstrauisch. »Sie haben ja gar keine Uniformen!«
Carla ist enttäuscht. Sie hatte sich auf ein richtiges Polizeiauto gefreut. Und auf Polizisten in echten Uniformen mit Handschellen und einer Pistole am Gürtel.
»Klar sind wir echt!«, antwortet der Mann und lacht. »Sagst du uns jetzt, wo wir den Hausmeister finden?«
»Mein Papa ist auf dem Schulhof«, antwortet Carla und führt die Polizisten zu ihrem Vater.
Carlas Papa zeigt den Polizisten die zerbrochene Scheibe und den Raum, in dem der Fernseher stand.
Die beiden Polizisten sehen sich alles genau an. Dann nehmen sie Fingerabdrücke an der Türklinke.
»Was machen Sie denn da?«, fragt Carla neugierig.
»Ohne Handschuhe hinterlässt der Einbrecher Fingerabdrücke, wenn er etwas anfasst«, antwortet die Polizistin. Und weil es keine zwei

gleichen Fingerabdrücke gibt, kann man so herausfinden, wer die Türklinke angefasst hat, erklären sie Carla weiter.
»Hier sind ganz frische Abdrücke! Und auf dem Tisch, auf dem der Fernseher stand, sind auch welche«, sagt der Polizist.
»Und was machen Sie jetzt damit?«, fragt Carla neugierig.
»Wir haben eine Liste mit Fingerabdrücken von Einbrechern. Vielleicht sind die hier ja auch dabei«, erwidert die Polizistin. »Hast du Lust, mitzukommen? Wir bringen dich später auch wieder zurück.«
Klar hat Carla Lust. Sie findet es auch gar nicht mehr schlimm, dass die Polizisten keine Uniformen tragen und auch kein echtes Polizeiauto fahren.

Auf dem Polizeipräsidium vergleichen die Polizisten die Fingerabdrücke aus der Schule mit denen, die sie schon im Computer gespeichert haben.
»Da ist er ja schon. Karl Müller, genannt Glotzenkalle, weil er immer Fernseher klaut«, sagt die Polizistin.
Die Fingerabdrücke von Glotzenkalle sehen genauso aus wie die, welche die Polizisten in der Schule gefunden haben. Damit ist der Fall gelöst.
Die beiden Polizisten wollen gleich bei Glotzenkalle vorbeifahren und fragen, wo er gestern Nacht war.
Dabei darf Carla sie nicht begleiten. Das ist viel zu gefährlich.
Dafür wird sie von einem richtigen Polizeiauto zurück nach Hause gefahren. Und das hat sie sich schon immer gewünscht.

Polizeihund Maxi auf Bonbonjagd

Paulas kleiner Hund heißt Maxi. Maxi ist ein braun-weißer Mischling mit hängenden Ohren.
Wenn Maxi gerade nicht spielt, schläft er. Das sieht lustig aus, weil er dann oft träumt und mit den Pfoten strampelt.
»Er träumt bestimmt, dass er einen Räuber jagt«, sagt Paula.
»Unsinn! Er jagt im Schlaf ein Kaninchen oder die Katze von nebenan«, widerspricht Jacob, Paulas großer Bruder.
»Nein!«, beharrt Paula. »Er ist hinter einem Räuber her. Wenn ich groß bin, werde ich Polizistin, und Maxi wird mein Polizeihund.«
»Träum weiter«, sagt Jacob.
»Wenn Maxi wach ist, beweisen wir es dir«, erwidert Paula wütend.
Paula kramt in ihrer Verkleidungskiste. Da muss irgendwo noch ein Polizeikostüm herumliegen. Aber leider findet sie nur die Mütze und eine Trillerpfeife.
»Das reicht auch«, denkt Paula und läuft zurück ins Wohnzimmer.
Maxi ist aufgewacht. Er springt an ihr hoch, weil er spielen will.
»Komm mit!«, ruft Paula und rennt mit Maxi in den Garten.
Jacob spielt auf dem Rasen mit seinem Fußball. Er versucht, ihn so oft wie möglich hintereinander auf seinem Oberschenkel auftippen zu lassen. Maxi will mitspielen und schnappt nach dem Ball.
»So ein Mist!«, schimpft Jacob. »Ich war ganz nah dran, meinen Rekord zu brechen.«
»Maxi! Komm her!«, ruft Paula und bläst in ihre Trillerpfeife.
Aber Maxi kümmert sich nicht um den Pfiff. Er tobt weiter mit dem Ball durch die Blumenbeete.
»Ein toller Polizeihund!«, ruft Jacob und lacht.
»Aber er kann wirklich Spuren lesen. Los, versteck dich!«, sagt Paula.

»Meinetwegen«, antwortet Jacob und kriecht unter einen Busch.
Paula nimmt Maxi den Ball ab und ruft: »Such Jacob, Maxi!«
Aber Maxi denkt gar nicht daran. Da nützt auch Paulas Polizeimütze nichts. Maxi setzt sich einfach vor Paula auf den Rasen und guckt sie aus seinen großen braunen Augen fragend an.
»Ich habe doch gesagt: Aus dem wird nie ein Polizeihund!« Jacob kommt grinsend aus seinem Versteck. »Und aus dir keine Polizistin!«
»Du bist gemein! Maxi lernt ja auch noch«, antwortet Paula beleidigt. »Und ich auch!«
»Jetzt sei nicht gleich sauer«, versucht Jacob sie zu trösten. »Ich schenke dir auch ein Bonbon.«
Jacob kramt in seinen Taschen. Aber er kann seine Bonbontüte nicht finden. Dabei war sie eben noch da.
»Mist! Ich habe meine Bonbons verloren!«, ruft Jacob.
Paula bückt sich zu Maxi hinunter und flüstert ihm ins Ohr: »Such die Bonbons, Maxi!«
Maxi macht sich sofort auf den Weg. Die Nase ganz dicht über dem Rasen, läuft er zu dem Busch, unter dem Jacob sich versteckt hatte. Kurz darauf ist er schon wieder zurück.
Zwischen seinen Zähnen trägt er Jacobs Bonbontüte.
»Ich habe doch gesagt, dass er ein richtiger Polizeihund wird!« Paula strahlt und streichelt Maxi stolz über den Kopf.
Jacob nimmt ihm die Tüte aus dem Maul.
»Das hat er wirklich toll gemacht!«, sagt Jacob und schenkt Paula ein Bonbon.
»Und Maxi kriegt auch eine Belohnung!«, ruft Paula und läuft schnell in die Küche, um für ihren Polizeihund einen Hundekuchen zu holen.